EN CAMINO DESDE JOVEN

Cuaderno de Trabajo de Responsabilidad y Rendición de Cuentas Juvenil

Un Sistema Práctico para Gestionar Expectativas, Construir Estructura y Tomar Mejores Decisiones

North Star Practical Guides

Aviso Importante

Este cuaderno de trabajo es solo para fines educativos. No constituye asesoramiento legal y no reemplaza las instrucciones de tribunales, oficiales de supervisión, abogados, personal de programas, funcionarios escolares ni ninguna autoridad con jurisdicción sobre el joven que usa este cuaderno. Todos los requisitos, condiciones y expectativas deben confirmarse con la autoridad supervisora correspondiente.

Fundamento Teórico: Marco de Riesgo-Necesidad-Responsividad

Esta guía está construida sobre el marco de Riesgo-Necesidad-Responsividad (RNR), el modelo más ampliamente validado en la investigación de intervención en justicia juvenil y penal. Desarrollado por Andrews, Bonta y Hoge, el marco RNR identifica los principios que producen cambios de comportamiento de manera más confiable en poblaciones estructuradas. Cada sección de esta guía está diseñada en alineación con esos principios.

PRINCIPIO DE RIESGO: Adecúa la intensidad de la intervención al nivel de riesgo.
Los jóvenes de mayor riesgo requieren herramientas más estructuradas e intensivas. Este cuaderno proporciona la estructura diaria intensiva que esos jóvenes requieren, con rastreadores, registros y revisiones diseñados para operar todos los días independientemente del nivel de motivación.

PRINCIPIO DE NECESIDAD: Apunta a las necesidades criminogénicas que impulsan el comportamiento.
Las necesidades criminogénicas incluyen actitudes antisociales, mala autorregulación, habilidades débiles de resolución de problemas, asociaciones con pares antisociales y disfunción familiar. Este cuaderno apunta directamente a la autorregulación, la resolución de problemas y el seguimiento estructurado.

PRINCIPIO DE RESPONSIVIDAD: Entrega la intervención de una manera en que los jóvenes puedan aprender.
Este cuaderno usa práctica activa de habilidades en lugar de lectura pasiva. Cada sección requiere que el joven haga algo, rastree algo o decida algo. El formato está diseñado para el estilo de aprendizaje cognitivo-conductual que la investigación identifica como más efectivo con jóvenes involucrados en el sistema de justicia.

MARCOS DE APOYO
Además del marco RNR, esta guía incorpora Prácticas Correccionales Básicas (CCP), principios de Intervención Cognitivo-Conductual y principios de Supervisión Enfocada en la Desistencia. Juntos, estos marcos representan el estándar de oro actual en intervención basada en evidencia para poblaciones juveniles estructuradas.

SECCIÓN 1

Introducción y Propósito

Qué Es Este Cuaderno de Trabajo

Este cuaderno te da un sistema diario para gestionar tus responsabilidades. No es un examen. No es un castigo. Es un conjunto de herramientas que te ayuda a mantenerte organizado, entender qué se espera de ti y cumplir con ello todos los días.

Qué No Es Este Cuaderno de Trabajo

- No es terapia ni consejería
- No es una lista de reglas para memorizar
- No es algo que se lee una vez y se guarda

Cómo Usarlo

Usa este cuaderno todos los días. Llena los rastreadores. Responde las hojas de trabajo honestamente. Revísalo con tu familia o tutor. Revisa tu progreso cada semana. Cuanto más lo uses, más te ayudará.

▸ PRINCIPIO CLAVE

A la mayoría de los jóvenes se les dice qué hacer. Pocos son enseñados cómo gestionarlo. Este cuaderno te enseña cómo gestionarlo.

SECCIÓN 2

Entendiendo las Expectativas

¿Qué Son las Expectativas?

Las expectativas son las cosas específicas que se te requiere hacer, en casa, en la escuela, en tu programa y con las personas que te supervisan. Saber qué se espera de ti es el primer paso para cumplir con esas expectativas de manera consistente.

De Dónde Vienen Tus Expectativas

- En casa: reglas y responsabilidades que tu padre, madre o tutor ha establecido
- En la escuela: expectativas de asistencia, comportamiento, tareas y conducta
- En el programa o colocación: condiciones establecidas por tu programa, instalación u oficial
- Figuras de autoridad: maestros, consejeros, oficiales, gestores de casos

Hoja de Trabajo de Conciencia de Expectativas

Llena cada línea con las expectativas específicas que aplican a ti ahora mismo.

¿Qué se espera de mí en casa?

¿Qué se espera de mí en la escuela?

¿Qué se espera de mí en mi programa o colocación?

¿Con quién me presento y con qué frecuencia?

¿Qué ocurre si no cumplo con una expectativa?

> ▸ PRINCIPIO CLAVE
> **Saber qué se espera de ti es el primer paso para mantenerte en el camino correcto.**

SECCIÓN 3

Identificando Tus Responsabilidades

Tus responsabilidades son las tareas y acciones específicas que debes completar. Son diferentes de las expectativas: las expectativas describen lo que las personas quieren de ti; las responsabilidades son las cosas concretas que debes hacer.

Lista Personal de Responsabilidades

Lista cada responsabilidad que tienes actualmente en cada área.

Tareas diarias en casa:

Responsabilidades escolares:

Requisitos del programa o colocación:

Requisitos de presentación o reporte:

Requisitos de toque de queda o ubicación:

Rastreador de Responsabilidades

Usa este rastreador para registrar y monitorear tus responsabilidades cada semana.

Responsabilidad	Cuándo Se Debe	Completada (S/N)	Notas

▸ PRINCIPIO CLAVE

Si no lo rastresas, lo olvidarás. Rastrea todo.

SECCIÓN 4

Sistema de Ruta de Decisión

El Marco de Decisión PPAR

Cualquier situación difícil puede resolverse usando cuatro pasos. Esto se llama el Marco PPAR. Úsalo siempre que no estés seguro de qué hacer.

PASO	QUÉ SIGNIFICA	QUÉ HACES
S: PARAR	Detente antes de reaccionar	Respira. No hables ni actúes todavía.
T: PENSAR	Piensa qué está pasando	¿Qué se espera de mí ahora mismo?
A: ACTUAR	Elige la acción correcta	¿Cuál es la cosa más segura y responsable que puedo hacer?
R: REVISAR	Revisa lo que ocurrió	¿Cuál fue el resultado? ¿Qué haría diferente?

Hoja de Trabajo de Decisiones

Usa esta hoja de trabajo cuando enfrentes una situación difícil. Llénala antes de actuar.

Situación:

¿Cuáles son mis opciones?

¿Cuál es la opción más segura?

¿Por qué esa es la elección correcta?

¿Cuál es mi plan si las cosas no salen como esperaba?

> ▸ PRINCIPIO CLAVE
> **Las buenas decisiones vienen de ir más despacio y pensar. El Marco PPAR te da un sistema para hacerlo cada vez.**

SECCIÓN 5

Sistema de Responsabilidad Diaria

Esta sección es el núcleo de tu sistema diario. Cada día tiene responsabilidades. Cada responsabilidad debe rastrearse. Usa este sistema cada mañana para planificar tu día y cada noche para verificar tu cumplimiento.

Rastreador de Tareas Diarias

Llena tus tareas para cada día. Márcalas como completadas cuando termines.

Tarea / Responsabilidad	Hora Límite	Completada (S/N)	Notas

Registro Diario (Complétalo Cada Noche)

- Completé todas mis tareas requeridas hoy
- Seguí las expectativas establecidas para mí hoy

- Me comuniqué con las personas correctas cuando lo necesité
- Evité situaciones que podrían crear problemas
- Si cometí un error hoy, lo reporté o lo atendí

Una cosa que hice bien hoy:

Una cosa que quiero hacer mejor mañana:

> ▸ PRINCIPIO CLAVE
> **La consistencia diaria construye el éxito a largo plazo. Un día a la vez.**

SECCIÓN 6

Sistema de Rendición de Cuentas Semanal

Revisar tu semana es cómo mejoras la siguiente. Reserva tiempo cada semana. Usa el mismo día y la misma hora cada semana para completar esta revisión. Si estás en un programa o instalación, complétala con tu gestor de casos o consejero.

Hoja de Trabajo de Revisión Semanal

Semana del: ______________________________

Lo que hice bien esta semana:

____

Lo que necesito mejorar:

____

Lo que no cumplí o dejé incompleto:

____

Lo que haré diferente la próxima semana:

____

Rastreador de Progreso Semanal

Responsabilidad / Meta	Objetivo	Completada (S/N)	Seguimiento Necesario

Citas y Presentaciones Semanales

Cita / Presentación	Día	Hora	Completada

▸ PRINCIPIO CLAVE

Revisar tu semana no es opcional. Es el paso que separa a los jóvenes que se mantienen en el camino correcto de los que no.

SECCIÓN 7

Sistema de Comunicación

La mayoría de los problemas empeoran porque las personas no se comunican cuando deben. Saber cuándo hablar, qué decir y cómo decirlo es una habilidad, y como cualquier habilidad, se puede aprender y practicar.

Cuándo Debes Hablar

- No entiendes qué se espera de ti
- Necesitas ayuda y no puedes manejarlo solo
- Cometiste un error: repórtalo antes de que se convierta en un problema mayor
- Algo ocurrió que afecta tu horario o tu capacidad de cumplir con los requisitos
- Te sientes inseguro o en riesgo de tomar una mala decisión

Cómo Comunicarte Correctamente

- Sé claro: di exactamente lo que ocurrió, no una versión de ello
- Sé respetuoso: el tono y la actitud afectan cómo las personas te responden
- Sé honesto: omitir cosas es lo mismo que no comunicar
- Sé breve: di lo que necesitas decir y detente
- Haz seguimiento por escrito cuando sea posible: crea un registro

Registro de Comunicaciones

Registra cada comunicación significativa con figuras de autoridad, personal de programas o funcionarios escolares.

Fecha	Con Quién Hablé	De Qué Fue	Qué Se Decidió / Próximo Paso

▸ PRINCIPIO CLAVE

No comunicarse no hace que un problema sea más pequeño. Lo hace más grande. Habla temprano y habla claramente.

SECCIÓN 8

Entendiendo Cómo Se Conectan las Cosas

Cada acción lleva a un resultado. No es una amenaza: es cómo funcionan los sistemas. Entender la conexión entre lo que haces y lo que ocurre después te da más control sobre tu situación, no menos.

Hoja de Trabajo de Acción a Resultado

Piensa en una situación reciente, positiva o negativa. Trázala a través de las cuatro etapas.

Lo que hice:

Lo que ocurrió como resultado:

Quién resultó afectado:

Lo que aprendí de ello:

Rastreador de Acciones y Resultados

Acción o Decisión	Qué Resultó	Lo Que Aprendí

▸ PRINCIPIO CLAVE

Tus acciones de hoy moldean lo que está disponible para ti mañana. Entender la conexión te da el poder de cambiar el resultado.

SECCIÓN 9

Situaciones Comunes y Cómo Manejarlas

Estas son las situaciones que con más frecuencia llevan a problemas para los jóvenes en programas estructurados. Léelas todas. Conoce la respuesta correcta antes de que ocurra la situación, no después.

Perdiste una Responsabilidad

- No la ignores: ignorarla la empeora, no la mejora
- Repórtala a la persona apropiada lo antes posible
- Explica qué ocurrió de manera objetiva, sin excusas
- Pregunta qué necesitas hacer para atenderlo
- Documenta la conversación y el resultado

Tienes un Conflicto con una Figura de Autoridad

- Detente: no reacciones en el momento
- Escucha completamente antes de responder
- Responde respetuosamente aunque no estés de acuerdo
- Si el problema es serio, abórdalo más tarde por el canal correcto
- Nunca discutas, levantes la voz ni hagas amenazas

Te Sientes Abrumado

- Deja de agregar más antes de atender lo que ya está ahí
- Escribe todo lo que está pendiente
- Divide cada elemento en una próxima acción
- Pide ayuda, a un consejero, tutor o gestor de casos
- Usa tu rastreador diario para tomarlo una tarea a la vez

Cometiste un Error

- Admítelo, contigo mismo y con la persona correcta
- No intentes ocultarlo ni minimizarlo
- Identifica qué llevó al error
- Arregla lo que puedes arreglar
- Documenta lo que ocurrió y lo que hiciste para atenderlo

Alguien Te Presiona a Hacer Algo Incorrecto

- Usa el Marco PPAR: Parar, Pensar, Actuar, Revisar
- Aléjate de la situación si puedes
- No te sientas obligado a explicarte en el momento

- Reporta la presión de otros a tu gestor de casos o consejero
- Recuerda que una mala decisión puede deshacer meses de progreso

Tu Horario o Situación de Vida Cambia

- Reporta cualquier cambio a tu oficial, gestor de casos o personal del programa de inmediato
- No esperes a ver si importa: siempre reporta los cambios
- Obtén confirmación de cualquier cambio aprobado por escrito si es posible
- Actualiza tus rastreadores para reflejar el nuevo horario o situación

> ▸ PRINCIPIO CLAVE
> **La mayoría de los problemas son predecibles. Si conoces la respuesta correcta antes de que ocurra la situación, no tendrás que resolverla bajo presión.**

FUNDAMENTO TEÓRICO: MARCO DE RIESGO-NECESIDAD-RESPONSIVIDAD

Esta guía está construida sobre el marco de Riesgo-Necesidad-Responsividad (RNR), el modelo más ampliamente validado en la investigación de intervención en justicia juvenil y penal. Desarrollado por Andrews, Bonta y Hoge, el marco RNR identifica los principios que producen cambios de comportamiento de manera más confiable en poblaciones estructuradas. Cada sección de esta guía está diseñada en alineación con esos principios.

PRINCIPIO DE RIESGO: Adecúa la intensidad de la intervención al nivel de riesgo.
Los jóvenes de mayor riesgo requieren herramientas más estructuradas e intensivas. Esta guía está diseñada para su uso en entornos estructurados precisamente porque los jóvenes que más la necesitan se benefician de sistemas de uso diario y consistente en lugar de instrucción ocasional. Este cuaderno proporciona la estructura diaria intensiva que los jóvenes de mayor riesgo requieren, con rastreadores, registros y revisiones diseñados para operar todos los días independientemente del nivel de motivación.

PRINCIPIO DE NECESIDAD: Apunta a las necesidades criminogénicas que impulsan el comportamiento.
Las necesidades criminogénicas son los factores dinámicos más directamente vinculados a la participación continua en el sistema. Estas incluyen actitudes antisociales, mala autorregulación, habilidades débiles de resolución de problemas, asociaciones con pares antisociales y disfunción familiar. Este cuaderno apunta directamente a la autorregulación, la resolución de problemas y el seguimiento estructurado. El sistema de responsabilidad diaria y el marco de ruta de decisión construyen las habilidades de funcionamiento ejecutivo más estrechamente vinculadas a una participación reducida en el sistema.

PRINCIPIO DE RESPONSIVIDAD: Entrega la intervención de una manera en que los jóvenes puedan aprender.
La responsividad general requiere usar enfoques basados en habilidades cognitivo-conductuales en lugar de instrucción pasiva. La responsividad específica requiere adecuar la entrega al individuo. Este cuaderno usa práctica activa de habilidades en lugar de lectura pasiva. Cada sección requiere que el joven haga algo, rastree algo o decida algo. El formato está diseñado para el estilo de aprendizaje cognitivo-conductual que la investigación identifica como más efectivo con jóvenes involucrados en el sistema de justicia.

MARCOS DE APOYO
Además del marco RNR, esta guía incorpora Prácticas Correccionales Básicas (CCP por sus siglas en inglés), que enfatizan el desarrollo de habilidades basado en relaciones; principios de Intervención Cognitivo-Conductual, que conectan patrones de pensamiento con comportamiento y resultados; y principios de Supervisión Enfocada en la Desistencia, que construyen identidad y agencia junto con el cumplimiento. Juntos, estos marcos representan el estándar de oro actual en intervención basada en evidencia para poblaciones juveniles estructuradas.

SECCIÓN 10

Sistema de Reinicio y Recuperación

Todos cometen errores. Los jóvenes que se mantienen en el camino correcto no son los que nunca se equivocan, sino los que se recuperan correctamente cuando lo hacen. Esta sección te da un sistema de recuperación paso a paso para volver al camino después de cualquier contratiempo.

El Proceso de Reinicio en Cinco Pasos

Sigue estos pasos cada vez que algo salga mal, sin importar qué tan grande o pequeño sea.

Paso 1. Admite Lo Que Ocurrió	Sé honesto contigo mismo sobre exactamente qué ocurrió y cuál fue tu papel en ello.
Paso 2. Repórtalo	Díselo a la persona correcta antes de que se entere por otro medio. Reportarse a uno mismo siempre se ve mejor.
Paso 3. Identifica la Causa Raíz	¿Qué llevó al error? ¿Fue una decisión, un paso omitido o algo fuera de tu control?
Paso 4. Arregla Lo Que Puedes Arreglar	¿Qué acciones puedes tomar ahora mismo para atender la situación? Tómalas.
Paso 5. Ajusta Tu Sistema	¿Qué necesita cambiar en tu seguimiento diario o comunicación para evitar que esto vuelva a ocurrir?

Hoja de Trabajo de Reinicio

Lo que ocurrió:

Mi papel en lo que ocurrió:

A quién lo reporté:

Lo que hice para atenderlo:

Lo que haré diferente:

▸ PRINCIPIO CLAVE

> **Los errores no te definen. Tu respuesta ante ellos sí lo hace. Usa el Proceso de Reinicio cada vez, sin excepción.**

Esta sección opera bajo el Marco de Riesgo-Necesidad-Responsividad (RNR) establecido al inicio de este cuaderno. Todas las herramientas y ejercicios de esta sección están diseñados en alineación con los principios de Riesgo, Necesidad y Responsividad descritos en la sección de Fundamento Teórico anterior.

SECCIÓN 11

Sección de Apoyo Familiar y del Tutor

Esta sección está diseñada para completarse juntos: el joven y el padre, madre o tutor que lo apoya. Los sistemas de apoyo son uno de los predictores más fuertes del éxito. Esta sección construye una estructura de responsabilidad compartida entre los jóvenes y las personas que los apoyan.

Información del Tutor

Nombre del tutor: ______________________________

Relación: ______________________________

Mejor forma de contactar: ______________________________

Contacto del programa u oficial (compartido con el tutor):

____

Registro Semanal Familiar

Completa esta sección juntos cada semana. Tanto el joven como el tutor deben contribuir.

Semana del: ______________________________

Lo que salió bien esta semana (joven):

____

____

Lo que salió bien esta semana (tutor):

____

____

Lo que necesita mejorar (joven):

____

____

Lo que necesita mejorar (tutor):

____

____

Apoyo que necesito del tutor esta semana:

____

____

Apoyo que necesito del joven esta semana:

____

____

Firma del Tutor: ______________________________ Fecha:

____

Notas del Tutor: Lo Que Estoy Observando

Fecha	Lo Que Observé	Lo Que Discutimos	Seguimiento

▸ PRINCIPIO CLAVE

El joven con un sistema de apoyo sólido tiene una ventaja real. Usa esta sección cada semana para construir ese sistema juntos.

Esta sección opera bajo el Marco de Riesgo-Necesidad-Responsividad (RNR) establecido al inicio de este cuaderno. Todas las herramientas y ejercicios de esta sección están diseñados en alineación con los principios de Riesgo, Necesidad y Responsividad descritos en la sección de Fundamento Teórico anterior.

SECCIÓN 12

Sistema de Progreso Mensual

Las revisiones mensuales te dan una visión más amplia de tu progreso. Te ayudan a ver patrones, tanto positivos como negativos, que son difíciles de notar día a día. Completa esta revisión el mismo día cada mes.

Hoja de Trabajo de Revisión Mensual

Mes revisado: ______________________

Progreso logrado este mes:

____

Desafíos que enfrenté:

____

Errores que cometí y cómo los atendí:

____

Lo que quiero lograr el próximo mes:

____

Apoyo que necesito en adelante:

____

Rastreador de Metas Mensuales

Meta	Fecha Objetivo	Estado	Próximo Paso

Resumen Mensual de Cumplimiento

Requisito	Veces Requerido	Veces Completado	¿Algún Problema?

▸ PRINCIPIO CLAVE

El progreso viene del esfuerzo consistente a lo largo del tiempo. Un buen mes construye el siguiente. Revisa cada mes sin saltarte ninguno.

Esta sección opera bajo el Marco de Riesgo-Necesidad-Responsividad (RNR) establecido al inicio de este cuaderno. Todas las herramientas y ejercicios de esta sección están diseñados en alineación con los principios de Riesgo, Necesidad y Responsividad descritos en la sección de Fundamento Teórico anterior.

SECCIÓN 13

Listas de Verificación de Referencia Rápida

Usa estas listas de verificación todos los días. Colócalas donde puedas verlas. Revísalas antes de dormir y a primera hora de la mañana.

Lista de Verificación Diaria

- Sé cuáles son todas mis responsabilidades de hoy
- Completé cada tarea requerida
- Seguí todas las expectativas establecidas para mí
- Me comuniqué con las personas correctas cuando fue necesario
- Evité situaciones que podrían crear problemas
- Completé mi Registro Diario esta noche

Lista de Verificación Semanal

- Completé mi Revisión Semanal
- Actualicé mi Rastreador de Responsabilidades
- Asistí a todas las citas y presentaciones requeridas
- Completé el Registro Semanal Familiar con mi tutor
- Identifiqué lo que necesito mejorar la próxima semana

Lista de Verificación de Comunicación

- Sé con quién me presento y con qué frecuencia
- He reportado cualquier problema o cambio de inmediato
- He sido honesto en cada comunicación
- He registrado todas las comunicaciones significativas

Lista de Verificación de Responsabilidad

- Sé exactamente qué se espera de mí ahora mismo
- Estoy rastreando cada responsabilidad en este cuaderno
- Me mantengo consistente, incluso en los días difíciles
- He usado el Proceso de Reinicio cuando algo salió mal

> ▸ PRINCIPIO CLAVE
> **La lista de verificación no es una sugerencia. Es tu sistema. Úsala todos los días.**

Una Palabra Final

Este cuaderno no garantiza nada. Ningún cuaderno lo hace. Lo que te da es un sistema, y un sistema solo es tan fuerte como la persona que lo usa.

Se te dio este cuaderno porque alguien cree que eres capaz de más de lo que estás mostrando ahora mismo. Úsalo como si tuvieran razón.

Mantente organizado. Mantente consistente. Mantente libre.

North Star Practical Guides

www.ingramcontent.com/pod-product-compliance
Lightning Source LLC
LaVergne TN
LVHW081426110826
845149LV00010B/1875
9798996071432